# TROISIÈME LETTRE

## A MONSIEUR

# LOUIS BLANC

PRÉSIDENT DE L'EX-COMMISSION DU LUXEMBOURG,

PAR

## M. JULES POULAIN,

Ancien constructeur de machines, filateur et tisserand à Paris.

PARIS.

—

1848.

Imprimerie de HENNUYER et C<sup>e</sup>, rue Lemercier, 24. Batignolles.

# TROISIÈME LETTRE

## A

# MONSIEUR louis BLANC

PRÉSIDENT DE L'EX-COMMISSION DU LUXEMBOURG.

MONSIEUR,

Dans ma première lettre, j'ai combattu votre système en ce qui touche l'égalité du salaire ; je vous ai démontré que le gouvernement ne pouvait lutter contre l'industrie particulière dans le cas où, par une modification de votre système, il deviendrait fabricant. Je vous ai signalé tous les inconvénients qui résulteraient d'une mesure despotique qui lui remettrait entre les mains les grandes industries. Maintenant, pour passer en revue toutes les combinaisons, recherchons s'il serait possible d'établir l'association libre entre le maître et le travailleur ; nous arriverons ensuite à vos ateliers sociaux, indiqués pages 102 et 103 de *votre Organisation du travail* (5ᵉ édition).

Un contre-maître habile vient de prendre un brevet d'invention pour une nouvelle machine à imprimer. Il s'adresse à un capitaliste qui consent à former une société. Des ouvriers sont appelés ; on discute la part du capital, celle de l'inventeur breveté, et enfin celle des travailleurs. Mais comme l'ouvrier ne peut attendre les résultats de l'entreprise, on lui dit : « Vous ga-« gnez ordinairement *trois francs* par jour : nous vous « élevons aujourd'hui à la dignité d'associé ; nous vous « retirons de l'état d'infériorité dans lequel vous vi-« viez ; nous appliquons en votre faveur ce grand « principe *d'association,* réclamé par les socialistes. « Mais, en compensation de ces avantages, il est juste « que vous ne receviez que *deux francs* par jour, « comme *minimum,* et à la fin de l'année, vous aurez « une *part dans les bénéfices.*—D'après nos prévisions « et nos calculs d'une rigoureuse exactitude, vérifiés et « reconnus par vous, il est probable que votre divi-« dende s'élèvera à *deux francs* par jour. Il en résul-« tera donc que vous aurez gagné *quatre francs,* puis-« que vous en aurez déjà reçu *deux* à titre de *minimum.* »

La proposition acceptée, l'usine est mise en mouvement. Elle se compose d'une filature, d'un tissage mécanique et d'une fabrique d'indienne. Les bénéfices de ces trois industries seront confondus, groupés ensemble, et, à la fin de l'année, partagés entre les associés, d'après les principes de fraternité que vos brillantes paroles, Monsieur, ont fait entrer dans le cœur du maître et de l'ouvrier.

On travaille avec ardeur pendant les douze mois de l'année ; la surveillance est grande, car chacun veille sur ses intérêts. Je vous fais toutes les concessions. Mais les résultats ne répondent pas aux espérances des intéressés : la mise en train a été plus coûteuse qu'on ne l'avait cru ; un moteur a été mal calculé; il a fallu le changer; un vice de la nouvelle machine brevetée avait échappé aux essais ; on a été forcé de remédier à cet inconvénient, et il en est résulté des dépenses, des pertes de temps, qui ont considérablement augmenté le prix de la production : l'inventaire enfin donne de la perte.

Cependant, les associés ont la certitude que le mal sera réparé, que l'inventaire suivant donnera des bénéfices. On repousse donc toute idée de liquidation. En effet, liquider au bout d'une année, ce serait compromettre les intérêts du capitaliste, de l'inventeur et ceux des ouvriers qui n'ont reçu qu'un *minimum*. D'ailleurs le mal est connu : on y a déjà même remédié; les trois fabriques fonctionnent maintenant à la satisfaction générale; elles produisent ce que l'on devait en attendre, et l'avenir se présente sous le plus riant aspect.

Les travaux continuent donc avec plus d'ardeur, s'il est possible; l'inventeur et le maître rivalisent de zèle; l'ordre le plus parfait règne dans les ateliers; l'ouvrier, attentif et soigneux, ne fait pas ou presque pas de déchet. Chacun a donc le droit d'attendre de beaux bénéfices, car chacun a religieusement rempli son devoir, et les fabriques ont beaucoup produit.

Mais, nouvelle déception! Le résultat ne répond pas encore aux espérances communes! Cette fois, c'est le ciel auquel l'homme ne peut pas commander, qui a été défavorable. Le printemps a été pluvieux; la mévente a absorbé, par les intérêts et les frais de magasinage, les bénéfices auxquels on devait s'attendre; le second inventaire n'est pas plus satisfaisant que le premier.

Comme il est de la nature de l'homme de résister aux difficultés; comme l'industrie caresse toutes les imaginations, même les plus froides, en lui faisant entrevoir les succès brillants qu'elle obtient quelquefois; comme enfin l'espérance agit puissamment sur les cœurs, surtout dans les revers indépendants de la volonté humaine, on se décide encore à tenter une troisième année.

Ah! cette fois, on en conviendra, c'est du courage qu'il lui faut, car le pauvre ouvrier, qui n'a reçu qu'un *minimum*, a été forcé de vivre de privations; il a contracté des dettes, les fournisseurs le persécutent.

Parfois il se plaint de s'être aventuré sur une mer dont il ne connaissait pas les écueils; mais que faire? Il ne s'appartient plus, il est l'esclave d'une communauté, avec laquelle il ne peut rompre sans déshonneur! Il n'a reçu d'ailleurs qu'un *minimum* pendant deux ans, et il ne lui faudrait qu'un bon inventaire pour réparer le mal, lui faire oublier ses souffrances, ses dissensions avec sa ménagère, qui lui répète sans cesse qu'elle préfère le *maximum* d'autrefois à la position d'aujourd'hui.

Si, par instant, il regrette sa liberté et son ancien salaire, il lui arrive cependant d'espérer encore. On ne sera pas toujours malheureux, se dit-il; les saisons ne seront pas constamment contraires; toutes les chances d'insuccès paraissent épuisées; on obtiendra enfin un troisième inventaire qui offrira une large compensation au passé.

Tout paraît, en effet, justifier cette prévision consolante. L'hiver n'est déjà plus, et Paris semble renaître sous l'influence d'un doux printemps. Voyez! les arbres des boulevards ont repris leur verdure; dans les promenades rajeunies se presse le beau monde, les magasins brillent de coquetterie, en luttant d'élégance et de bon goût; de tous côtés enfin de nouvelles étoffes s'étalent aux regards des passants! Cependant, au milieu de cette fête de l'industrie, perce une certaine anxiété. Quels dessins, quelles nuances l'emporteront cette année? Les femmes élégantes, prêtresses de cette divinité capricieuse, la mode, n'ont pas encore dit leur dernier mot. Elles hésitent, incertaines et comme effrayées elles-mêmes de l'arrêt qu'elles vont porter; car elles savent que c'est de leur décision, née d'un caprice, mais toujours acceptée par la foule comme une loi, que va dépendre le sort de la fabrique.

Mais enfin l'arrêt qui doit détruire ou faire la fortune de tel ou tel article est porté; et cet arrêt repousse impitoyablement les produits de nos associés. En vain l'art le plus délicat a présidé au mélange de leurs couleurs, en vain leurs dessins sont irréprochables! le caprice a prononcé, et c'en est fait de la fabrique aux trois intérêts! La vente de ses produits ne se fait qu'avec peine, et à la fin de la saison, on ne trouve d'autre moyen que de s'adresser à l'exportation (ce que l'on appelle faire des soldes), c'est-à-dire vendre à perte.

L'ouvrier, qui a vécu de privations avec son *minimum*, ne veut plus courir les risques auxquels il a été exposé ; il rompt son association et réclame à grands cris son *maximum*, jurant, mais un peu tard, qu'on ne l'y prendra plus !

Demandez, Monsieur, aux fabricants de Rouen, si je suis dans le vrai? sur dix , il y en aura cinq qui vous diront : « C'est notre histoire !»

Allez à **Saint-Quentin** ou en Alsace , sur dix : cinq vous répondront : « C'est notre histoire ! »

A Paris, neuf sur dix vous diront : « C'est notre histoire aussi ! »

La grande industrie, à Paris, a la pire de toutes les destinées ; j'en ai déjà expliqué les causes. Le fabricant est engagé pour le reste de sa vie ; il succombe sous le poids de ses obligations ; ses journées sont absorbées par un travail incessant et ses nuits dévorées par l'insomnie. Elles se passent dans des inquiétudes mortelles ; ce sont les tourments de l'enfer ! Sa fabrique est une croix de douleur sur laquelle il est cloué à perpétuité, et après lui ses enfants, s'ils tiennent à faire honneur aux engagements de leur père !

Ne croyez pas que le tableau que je viens de mettre sous vos yeux soit chargé de couleurs trop sombres ; il est la fidèle représentation de ce qui se passe journellement. Je connais ( malheureusement pour moi) une entreprise qui marche, depuis dix ans, d'illusions en illusions ; le bon inventaire n'est pas encore venu.

Si l'ouvrier eût été intéressé dans cette affaire, voyez la perte qu'il aurait éprouvée pendant ces dix années, en ne recevant qu'un *minimum*, au lieu du maximum

qu'il a régulièrement touché! Pensez aux souffrances
qu'il eût endurées, aux privations qu'il aurait dû s'imposer! Il est vrai que la caisse de l'entreprise serait
aujourd'hui mieux garnie, puisqu'elle aurait beaucoup
moins payé aux ouvriers; mais alors ce système eût
été tout à son avantage et contraire aux travailleurs,
dont on veut cependant améliorer la position.

Si vous vouliez, Monsieur, vous donner la peine
de compulser les *Annales du Tribunal de commerce,* et
de supputer, depuis vingt-cinq ans, les arrangements
à l'amiable qui ont été pris avec les créanciers, vous
verriez que l'application du système d'association avec
les maîtres est impraticable pour atteindre le but
qu'on se propose ; vous verriez qu'il ferait des victimes au lieu de faire des heureux! car si quelques fabriques réussissent, parce qu'elles réunissent toutes les
conditions de prospérité, parce que le chef est une intelligence hors ligne, il en est beaucoup qui, pendant
de longues années, marchent avec des bénéfices toujours en perspective, et beaucoup d'autres qui suc-
combent pour des raisons analogues à celles que je
vous ai déduites plus haut.

L'association avec le maître n'aura jamais lieu,
parce qu'elle est impraticable. Où trouverait-on, en
effet, un fabricant sérieux, ayant l'expérience des affaires, qui consentît à prendre autant d'associés qu'il
peut employer d'ouvriers?

L'association est une affaire délicate; elle exige, ce
qui se rencontre difficilement, une confiance sans
bornes entre les parties; elle demande une similitude

de caractère qui rende les rapports agréables ; elle veut, enfin, une espèce de *sympathie conjugale,* car elle est, en quelque sorte, un mariage à terme limité.

A–t–on jamais réfléchi aux difficultés sans nombre qui doivent surgir de cette association ? Ne sait-on pas qu'une société de deux ou trois membres donne presque toujours lieu à des procès ruineux ou à des contestations interminables ? Plus vous multiplierez les intéressés, et plus aussi vous multiplierez les chances de discussions. Pauvres ouvriers! non-seulement ils n'auront rien reçu, qu'un minimum, mais encore je les vois engagés dans des procédures qui dévoreront leur sueur à venir.

D'un autre côté, dans une association de cette nature, le maître pourrait-il conserver son autorité sur les travailleurs? pourrait-il commander, ordonner à ses associés? Que deviendrait la soumission, première garantie de la prospérité d'une entreprise industrielle? Que deviendraient cet ordre et cette régularité, si né-cessaires dans une bonne administration ?

L'ouvrier n'aurait-il pas des idées fausses sur l'éga-lité, qui lui rendraient l'obéissance à charge? Ne ré-clamerait-il pas une indépendance égale à celle du maître?

Voyez donc encore quelle comptabilité coûteuse il faudrait avoir pour rendre compte à chacun, au mi-lieu des mutations sans nombre qui se présenteraient, soit pour cause de santé, soit pour cause de voyage ou de décès?

Et s'il y a perte, ce qui arrive souvent, elle incombera sans doute entièrement sur le fabricant, en vertu du principe d'égalité.

Et s'il y a faillite, tous les ouvriers seront-ils en faillite avec le fabricant, et, dans ce cas, quelle sera la responsabilité de ceux entrés dans la société trois mois seulement avant la catastrophe? Faudra-t-il vendre leurs biens, s'ils en ont? leur modeste mobilier deviendra-t-il aussi la proie des créanciers? Sans aucun doute, car il faudrait, pour les mettre à couvert, changer notre législation commerciale. Mais alors, que deviendraient les principes de justice et d'équité? Ne faut-il pas que tous ceux qui participent aux bénéfices, qui sont *associés*, subissent les mêmes chances ; qu'ils soient soumis à la même loi, en vertu du principe même de l'Égalité? Soutenir le contraire, serait une absurdité ; le faire, ce serait établir un privilége en faveur de ceux qui ont combattu et veulent détruire tous les priviléges dans toutes les classes de la société.

Convenez-en, monsieur, cette association chimérique est le comble du ridicule; c'est une aberration de l'esprit à laquelle on fait trop d'honneur en lui prêtant une sérieuse attention.

Je ne crains pas non plus qu'elle puisse être imposée jamais par un pouvoir quelconque; j'ai trop bonne opinion de mon pays, pour croire qu'il en soit venu à cet excès de démence, de forcer un citoyen à s'associer avec mille autres. Ce serait lui enlever sa chose, sa propriété, acquise à la sueur de son front. Ce serait le priver de son indépendance, et précisément à une époque où tout se proclame au nom de la liberté. Ce serait enfin le réduire à l'esclavage le plus dur, en le soumettant au bon vouloir de ses associés qui pourraient lui dire : Vous voulez voyager pour votre santé ; vous voulez vous reposer ? vous n'en avez pas le droit; car enfin, votre temps nous appartient; vous devez vous consacrer à la prospérité de l'entreprise, comme nous nous y consacrons nous-mêmes ! — Où s'arrêteraient donc ces prétentions?

Ah! s'il surgissait jamais un pouvoir assez aveugle pour porter atteinte, à ce point, à la fortune privée, et à la liberté individuelle, il tomberait promptement, brisé sous le poids de l'exécration publique.

Je me demande enfin ce qui a pu conduire à cette *fraternelle* association des ouvriers et des maîtres; c'est sans doute cette grande maxime philanthropique qui agite le monde depuis des siècles : il ne faut pas que l'homme soit exploité par l'homme! Maxime divine, qui séduit le cœur et l'esprit!

Il ne faut plus qu'on vende la chair humaine sur des marchés, comme on vend des bestiaux;

Il ne faut pas que l'homme soit mutilé pour garder les harems de l'Orient.

Applaudissons à la République française qui vient de décréter la liberté des noirs dans nos colonies ; faisons des vœux pour que l'esclavage disparaisse dans le monde entier! et si la Russie ne l'a pas encore aboli dans ses vastes possessions, nous la verrons bientôt courber la tête devant cette immuable et inflexible loi de la nature, qui veut que l'homme, créé à l'image de Dieu, jouisse de sa liberté sur la terre!

Oui, si l'on a vu la violation de cette loi du Créateur dans la position du maître à l'égard de l'ouvrier, je suis tout disposé à absoudre les socialistes du mal qu'ils ont fait : leurs erreurs viendraient alors du cœur, et elles seraient excusables en faveur de leur noble origine! Mais je me rends difficilement à cette raison, et je ne vois dans toutes ces idées vagabondes que l'ambition sous le masque de la philanthropie.

Puisque les déclamateurs du jour prétendent que l'ouvrier est dévoré par le maître, qu'il y a exploitation de l'homme par l'homme, suivons-les sur ce terrain, combattons-les franchement, en mettant sous leurs yeux des chiffres qu'ils ne pourront contester, et dont ils n'étoufferont pas l'éloquence par des phrases retentissantes.

D'abord, l'ouvrier, en France, jouit d'une entière liberté; on ne peut le forcer au travail quand il veut se livrer au repos; on ne peut le contraindre à entrer dans une fabrique plutôt que dans une autre; on ne peut enfin lui imposer un prix quand il s'engage dans un atelier; ce prix, il le discute avec le maître; il connaît sa valeur et sait la défendre.

Le maître, de son côté, donne ses raisons; réfute l'ouvrier de son mieux, s'il est exagéré; et il en résulte enfin un contrat synallagmatique fidèlement exécuté de part et d'autre.

Mais, dans la fixation des bases de ce contrat, je me demande si la partie était égale entre le maître et l'ouvrier; si l'un n'était pas en position de forcer la main à l'autre; je me demande enfin si chacun était bien libre d'accepter ou dé refuser les clauses de ce même contrat? car, si la balance n'était pas égale, si l'un des intéressés n'avait pas pu suivre son libre arbitre, l'une des deux parties aurait été nécessairement victime de l'autre, et ce serait alors véritablement l'exploitation de l'homme par l'homme, c'est-à-dire, l'esclavage caché sous une liberté apparente!

Examinons. — Un jeune ouvrier a du génie; on le reconnaît généralement. Il a en tête une nouvelle machine; il s'adresse à des capitalistes, anciens ouvriers comme lui, qui ont eu le bonheur de réussir. Notre jeune inventeur est compris; on lui donne des fonds; et aussitôt il loue des bâtiments, forme son outillage, fait appel au public, obtient des commandes qu'il s'engage à fournir dans un délai donné, et le contrat est passé. Il prend alors des ouvriers.

Je le demande : est-il en position de faire la loi aux travailleurs? peut-il imposer sa volonté, établir un prix tyrannique? Il faut qu'il marche et sans aucun retard; car il a des loyers à payer, des intérêts à servir à son bailleur de fonds. Et puis, celui qui lui a commandé une machine veut en jouir; il accorde bien juste le temps nécessaire à sa construction, et il a grand soin de stipuler des dommages-intérêts, en cas de retard dans la livraison. — Telles sont donc les conditions dans lesquelles se trouve le maître quand il traite avec l'ouvrier, qui n'ignore aucune de ces circonstances, car rien n'échappe à son intelligence et à sa sagacité.

Quel est donc le plus fort, dans cette situation, du maître ou de l'ouvrier?

Plus tard, si ce dernier voit que les affaires marchent, qu'il y a presse, que l'industrie est en faveur,
que le patron a un besoin pressant de ses services;
oh! alors, il devient exigeant et demande, ou plutôt
exige l'élévation de son salaire. Il frappe juste et ne
manque jamais son coup; car il a la patience d'attendre six mois, un an, deux ans même pour choisir le
moment favorable.

Mais enfin, quand il arrive au bureau du maître
pour son compte personnel, ou comme l'envoyé de ses
camarades, il a si bien calculé toutes ses chances, si
bien prévu toutes les difficultés, si bien préparé son
attaque, si bien enveloppé celui qu'il veut faire capi-
tuler, qu'il n'y a pas moyen pour le maître de résister,
et qu'il est forcé de souscrire à ce qui lui est demandé.

S'il n'acceptait pas, les ouvriers déserteraient ses
ateliers, le travail serait suspendu, et le maître sait
qu'il rencontrerait la même exigence chez d'autres
ouvriers, qui seraient mal vus de leurs camarades s'ils
venaient s'offrir à meilleur marché. D'un autre côté,
le malheureux est pressé par la livraison; s'il n'exécute
pas, il aura des dommages-intérêts à payer; il ne pourra
satisfaire à ses échéances pour le fer, la fonte, le cuivre,
le charbon et le bois qu'on lui a fournis; son avenir
et son honneur dépendent de l'exactitude de ses paye-
ments! Une lutte avec ses ouvriers lui ferait perdre
un mois ou deux de travail, et c'en serait assez pour sa
ruine.

Remarquez encore, Monsieur, qu'il n'y a pas de di-
plomate plus rusé que l'ouvrier : il ne demande pas

une augmentation exagérée, au contraire! Il paraît
sage dans ses prétentions, en se contentant d'une augmentation de 25 centimes par jour, et il a assez
d'éloquence pour prouver qu'il fera en sorte de les
faire regagner au maître d'une manière ou d'une autre. Tous les moyens de persuasion lui sont connus!
Après calcul fait, le maître contraint et forcé consent,
et l'ouvrier triomphe!

Mais ne croyez pas que le maître puisse jamais re-
prendre les 25 centimes, une fois qu'il les a donnés !
Que le travail baisse, que les commandes diminuent,
qu'il y ait moins d'activité..., il n'en sera pas moins
forcé de continuer le même salaire, sous peine de voir
son personnel se désorganiser et ses ateliers se fermer.
Une fois que l'ouvrier a marché en avant, il ne recule
plus! Une fois qu'il a gagné du terrain, il ne le rend
plus! Loin de là, il médite encore une nouvelle augmentation.

D'après les principes que vous avez émis, Monsieur,
vous contesteriez sans doute mon exposé, si je n'avais
en mains la preuve de ce que j'avance. Non, vous dis-
je, la position de l'ouvrier ne s'aggrave pas de jour
en jour; non, il ne se trouve pas dans une misère in-
tolérable; non, le maître ne s'engraisse pas à ses dé-
pens; non, encore une fois, le chef d'atelier n'amasse
pas des millions; il ne savoure pas toutes les jouissances
de la vie, tandis que le pauvre travailleur manque de
tout, et meurt sur un grabat dévoré par la faim! Tous
ces grands mots sont autant d'erreurs!

Je le répète ici : dans les temps calmes, l'ouvrier

qui travaille est plus heureux qu'il ne l'a jamais été, puisqu'il gagne davantage, sans que ses dépenses aient suivi la progression de son salaire.

Il n'y a que les ouvriers sans travail qui sont malheureux ; mais pourquoi l'autorité souffre-t-elle que tous les ouvriers de la province viennent à Paris, quand elle sait qu'il n'y a pas assez d'ateliers pour occuper tous les bras?

Encore une fois, le prix du travail augmenterait du double, qu'il y aurait toujours les mêmes souffrances pour ceux qui ne travailleraient pas. Le mal n'est donc pas dans le prix de la main-d'œuvre, mais dans une trop grande agglomération sur un seul point, ainsi que je vous l'ai démontré dans ma seconde lettre.

A des phrases vides de sens, à des déclamations furibondes contre la bourgeoisie, contre les chefs d'ateliers, contre les barons de l'industrie; à un pathos auquel, je l'avoue, je ne comprends rien, malgré tous mes efforts, je vais opposer des chiffres, afin de mettre à même de juger la question les hommes sages et modérés qui, par leur position dans le monde, ne peuvent se rendre un compte exact de ce qui se passe dans l'industrie; et qui, à force d'entendre répéter les mêmes accusations, pourraient se laisser entraîner dans une voie dangereuse.

# TABLEAUX

DES JOURNÉES DE TRAVAIL, DANS DIVERS ATELIERS DE PARIS,

Depuis 1825 jusqu'en 1848.

## TABLEAU N° 1.

| Moyenne des journées des Ouvriers de fonderie comprenant : | PRIX MOYEN DES JOURNÉES. | | |
|---|---|---|---|
| | Au 3 juin 1826. | Au 15 mai 1838. | Au 15 févr. 1848. |
| Mouleurs. Fondeurs. Ébarbeurs. Journaliers. | 2 92 | 3 18 | 4 17 |

## TABLEAU N° 2.

| PRIX DES JOURNÉES des ouvriers comprenant | 1842 | 1843 | 1844 | 1845 | 1846 | 1847 | 1848 |
|---|---|---|---|---|---|---|---|
| Charronnage. | 3 50 | 4 50 | 4 50 | 4 50 | 4 50 | 4 50 | 5 » |
| Forges. | 5 » | 5 » | 6 » | 6 » | 6 » | 6 » | 6 25 |
| Frappeurs. | 2 75 | 2 75 | 2 75 | 2 75 | 2 75 | 2 75 | 3 » |
| Serrurerie. | 3 75 | 3 75 | 3 75 | 3 75 | 3 75 | 3 75 | 3 75 |
| Ajustage et Tours. | 3 75 | 4 » | 4 » | 4 » | 4 » | 4 50 | 5 » |
| Menuiserie. | 3 75 | 4 » | 4 » | 4 » | 4 50 | 4 50 | 5 » |
| Scierie. | 4 25 | 4 » | 4 » | 4 » | 5 » | 5 » | 5 » |
| Sellerie | 3 50 | 3 50 | 3 50 | 3 50 | 3 50 | 3 50 | 4 50 |
| Peinture. | 3 75 | 3 75 | 3 75 | 3 75 | 3 75 | 3 75 | 3 75 |
| Journaliers. | 3 25 | 3 25 | 3 25 | 3 50 | 3 50 | 3 50 | 3 50 |

NOTA. Lorsque les ateliers de cet établissement étaient à la tâche, ils produisaient beaucoup plus, par conséquent tous les ouvriers gagnaient en moyenne les 2/5 en plus de la journée.

## TABLEAU N° 3.

| PRIX DES JOURNÉES des ouvriers d'un atelier de construction travaillant à la journée. | 1825 DURÉE du Travail. 12 H. | 1830 DURÉE du Travail. 11 H. | 1835 DURÉE du Travail. 11 H. | 1840 DURÉE du Travail. 11 H. | 1845 DURÉE du Travail. 11 H. | 1848 avant la révol. Durée du trav. 11 H. | 1848 après la révol. Durée du trav. 10 H. |
|---|---|---|---|---|---|---|---|
| Forgerons. | 5 » | 5 50 | 5 50 | 6 » | 6 50 | 6 50 | 6 50 |
| Tourneurs. | 4 50 | 5 » | 5 50 | 5 50 | 5 50 | 5 50 | 5 50 |
| Ajusteurs. | 4 » | 4 50 | 5 » | 5 » | 5 » | 5 » | 5 » |
| Menuisiers. | 3 75 | 4 » | 4 » | 4 » | 4 » | 4 » | 4 » |
| Modeleurs. | 3 75 | 4 » | 4 50 | 4 50 | 4 50 | 4 50 | 4 50 |
| Perceurs et Taraud<sup>rs</sup>. | 2 25 | 2 50 | 2 75 | 2 75 | 2 75 | 2 75 | 2 75 |
| Journaliers. | 2 » | 2 25 | 2 50 | 2 50 | 2 50 | 2 50 | 2 50 |
| Mouleurs. | » » | » » | 9 » | 9 » | 9 » | 9 » | 9 » |

| Les mêmes travaillant à la tâche. | 12 HEURES | 11 HEURES | 11 HEURES | 11 HEURES | 11 HEURES | 11 HEURES | 10 HEURES |
|---|---|---|---|---|---|---|---|
| Forgerons. | 7 » | 7 50 | 7 50 | 8 » | 8 » | 8 » | 8 » |
| Tourneurs. | 7 » | 8 » | 8 » | 8 » | 8 » | 8 » | 8 » |
| Ajusteurs. | 5 » | 6 » | 6 » | 6 » | 6 » | 6 » | 6 » |
| Menuisiers. | 5 » | 6 » | 6 » | 6 » | 6 » | 6 » | 6 » |
| Modeleurs. | 5 » | 6 50 | 6 50 | 6 50 | 6 50 | 6 50 | 6 50 |
| Perceurs et Taraud<sup>rs</sup> | 3 50 | 4 » | 4 » | 4 » | 4 » | 4 » | 4 » |
| Journaliers. | » » | » » | » » | » » | » » | » » | » » |
| Mouleurs. | » » | » » | 12 » | 12 » | 12 » | 12 » | 12 » |

NOTA. Les machines qui, en 1830, se vendaient 15,000 fr., ont été vendues, en 1840, 12,000 fr., et, en 1848, 10,000 fr.

Il faut aussi remarquer qu'avant 1830 la journée de travail était de douze heures, et de 1830 à 1848, de onze heures, et depuis février 1848, de dix heures seulement, ce qui constitue une augmentation réelle de plus de 20 pour 100 sur les façons, si l'on ajoute aux journées les frais généraux.

Recherchous maintenant ce qui se passait en province aux mêmes époques. Voici comment s'exprimait M. Zindel, rapporteur de la *Commission spéciale de la filature de coton* (Haut-Rhin), dans la séance du 17 février 1847 :

« Il faut remarquer que, tandis que le prix des cotons
« filés n'a cessé de baisser depuis quinze ans, le taux
« du salaire augmentait d'une manière notable. Toute
« personne au courant de l'industrie cotonnière n'i-
« gnore pas ce fait. Aussi, pour ne parler que des
« classes les plus faibles des travailleurs, c'est-à-dire
« des plus intéressants, les rattacheurs et les bobineu-
« ses, qui, il y a douze ans encore, n'arrivaient pas à
« gagner 9 fr. par quinzaine, atteignent aujourd'hui
« 11 et 12 fr. La majeure partie des fileurs gagnent au-
« jourd'hui 3 fr. par jour ; enfin, on peut poser en fait
« que dans cet espace de temps le prix de façon payé
« à l'ouvrier a augmenté de 25 pour 100 ; et, en face
« de cette charge nouvelle, la filature a pu présenter
« à la vente des prix de jour en jour plus bas ! Quelle
« meilleure réponse à la double et doublement in-
« juste imputation que les partisans de la liberté du
« commerce adressent à l'industrie d'exploiter l'ou-
« vrier et de rançonner le consommateur ? »

Il est donc démontré que la main-d'œuvre, depuis
1825 , a constamment augmenté à Paris et en province ;
et cependant, à cette époque, on se plaignait beaucoup
moins qu'aujourd'hui, chacun vivait paisiblement du
fruit de son travail, sans parler de renverser l'ordre
social.

Pour ne laisser aucun doute dans votre esprit sur
l'amélioration constante et progressive de l'existence
matérielle de la classe ouvrière, je vous ferai remarquer, Monsieur, que le pain, la viande de boucherie
et le vin sont aujourd'hui au même prix qu'en 1825 ;

que' tous les autres produits sont diminués de 20 pour
100 (ceci est un fait tellement avéré, qu'il serait su-
perflu d'avoir recours à aucune preuve à cet égard),
et que les loyers seuls sont plus élevés qu'ils ne l'é-
taient autrefois.

Deux faits ressortent évidents de l'exposé qui pré-
cède : 1° depuis vingt ans il y a eu augmentation
du prix de la main-d'œuvre; 2° le prix des produits
manufacturés s'est successivement avili.

Mais quel a été le résultat de ces deux faits ? la ruine
de toutes les grandes industries de Paris, ainsi que je
l'ai déjà prouvé dans ma seconde lettre.

Si donc, Monsieur, dans un tel état de choses il y
a eu exploitation de l'homme par l'homme, je le dé-
clare, la main sur le cœur, à la face du ciel, et en pré-
sence de toutes les intelligences dégagées des passions
de l'époque, c'est l'ouvrier de Paris qui a exploité le
maître. Il faut avoir le courage de son opinion ; voici
la mienne sans détours et sans arrière-pensée !

Si les ouvriers, qui sont beaucoup trop nombreux
à Paris, sont cependant arrivés à cette amélioration
dans leur position, il faut rendre hommage à leur
entente cordiale, à leur profonde politique. Au lieu
de se faire une concurrence à mort, ils ont compris
qu'il devait y avoir entre eux un accord parfait pour
soutenir le prix de la main-d'œuvre.

Aussi, quand un ouvrier sortait d'un atelier, si le
chef, cherchant à le remplacer, offrait un moindre
prix, le nouveau venu refusait toujours, et préférait
rester sans ouvrage que de consentir à une diminu-

tion. Ce principe arrêté par la classe ouvrière, on comprend facilement les progrès qu'elle a faits et que je viens de signaler.

Il est temps que nous nous occupions des ateliers sociaux que vous voulez créer au moyen d'un impôt spécial.

Les inconvénients que j'ai indiqués, Monsieur, dans toutes les combinaisons de sociétés entre le maître et l'ouvrier, existent dans vos ateliers sociaux; il est donc inutile de les rappeler ici, et je n'ai à repousser maintenant que votre impôt spécial.

Un impôt n'est facile à percevoir que lorsqu'il est moral, en harmonie avec les besoins de tous, avec la religion commune, c'est-à-dire que les raisons qui l'ont motivé doivent être accueillies, surtout comprises par la grande majorité, qui est juste appréciatrice de son utilité et de son opportunité.

Dans ces conditions, l'impôt se perçoit sans objection; quand il est dans l'esprit de tous, il est bientôt dans les coffres du Trésor. Mais si la partie saine du pays, si les hommes qui jouissent dans chaque localité de la considération générale, de cette puissance morale qui est plus forte que la gendarmerie, le repoussent comme contraire aux intérêts de tous, comme subversif d'un ordre de choses qui, consacré par les siècles, semble être en même temps l'œuvre de Dieu et le développement de la sagesse humaine; alors la perception en devient impossible. L'assemblée législative qui l'aurait ordonné aurait méconnu l'esprit de la nation; car la nation repousse avec indignation le *communisme*, et cet impôt en serait la première con-sécration.

En effet, quel serait son but? Prendre par la force, revêtue des formes légales, partie de la fortune d'autrui, pour la donner à celui qui n'a pas; mais là ne s'arrêterait pas encore la spoliation. L'industriel qui aurait payé sa part de l'impôt se verrait de plus menacé dans le restant de sa fortune; car il aurait à lutter contre des ateliers donnés gratis à l'ouvrier. N'en résulterait-il pas une perte réelle pour celui qui est obligé de payer les intérêts de son matériel? Votre but n'est-il pas de le forcer, par cette lutte inégale qui prend sa source dans le vol à main armée, à venir se confondre dans vos ateliers sociaux, pour le mettre à votre niveau et établir l'égalité du communisme?

Demander l'association générale, l'égalité des salaires, celle des positions sociales, n'est-ce pas faire un conte des Mille et une Nuits?

Le niveau des socialistes n'existait pas dans la main du grand architecte de l'univers, puisqu'il n'a pas adopté le principe de l'égalité quand il fit sortir chaque chose de son sein.

Rien n'est égal dans le système minéral.

Rien n'est égal dans le système végétal.

Rien n'est égal dans le système animal.

Parcourez les brûlants déserts de l'Afrique, vous n'y trouverez pas deux grains de sable dont les proportions soient les mêmes, dont les angles soient égaux, la pesanteur enfin d'une égalité parfaite et concordante en tous points.

Cherchez sur les plages de l'Océan, sur celles de toutes les mers connues, sondez-en les profondeurs : vous n'arriverez pas à découvrir ces deux grains de sable que les déserts vous ont refusés.

Cherchez donc deux cailloux, deux perles, deux rubis d'une similitude entière; —le sage se moquera de vous. Vous ne trouveriez pas plus deux fleurs, deux plantes, deux arbres, deux feuilles, dans toutes les forêts de l'univers, dont toutes les parties auraient les mêmes rapports et constitueraient une égalité parfaite.

La nature n'a jamais créé deux poissons, deux oiseaux, deux coursiers, deux animaux enfin réunissant les mêmes conditions, les mêmes rapports d'égalité.

A-t-on jamais vu deux hommes d'une ressemblance parfaite, que l'on pût prendre l'un pour l'autre, et dont toutes les molécules constitutives fussent identiques pour former un tout également identique? A-t-on jamais vu ces deux hommes d'une égalité irréprochable, tant au physique qu'au moral? Non, cette égalité n'existe pas dans la nature.

Ne recherchons pas pourquoi cette pierre ne jette aucun feu, tandis que cette autre le dispute, par son éclat, à un rayon de l'astre du jour! Ne recherchons pas pourquoi cette fleur a plus de parfum que sa sœur, et pourquoi l'autre est plus belle, quoique toutes deux sur la même tige! Pourquoi le Liban nous offre un cèdre dont le sommet se perd dans les cieux, et, à côté de ce géant, un arbre de même nature, petit, sans force et sans vie! Pourquoi cet homme est beau et bon, et pour quel motif cet autre est méchant et laid ! Pour quelle raison celui-ci a du génie, tandis que cet autre est frappé d'idiotisme !

Qui n'admire, dans cette inégalité constante de la création, la toute-puissance de Dieu? Qui ne voit là l'image de l'infini, d'un pouvoir sans limites? Dieu, dans son éternelle sagesse, a donc voulu que tout fût dissemblable dans la création ; et celui-là qui voudrait créer l'égalité des salaires, des positions sociales, des fortunes ; celui-là serait en rébellion contre la volonté du Créateur ! Et se révolter contre les lois de Dieu, c'est l'œuvre du méchant ou de l'insensé.

Voilà pour l'égalité. Maintenant, qu'est-ce que le communisme ?

C'est la source et la prime de tous les vices ;

C'est l'espérance de la paresse qui n'a pas le courage de tracer son sillon ;

C'est le refuge de l'ivrogne, du libertin, du joueur, qui ont passé leur vie à satisfaire leurs passions, et qui, à l'âge où tout manque à la fois, voudraient partager avec ceux qui ont travaillé pendant toute leur existence pour amasser, comme la fourmi, la provision d'hiver ;

C'est l'extinction du cœur, la paralysie de l'esprit et du génie ;

C'est la destruction de la famille et de la propriété, c'est enfin l'*auge de la bestialité.*

J'ai dit mon opinion sur les sociétés enfantées par les socialistes ; qu'il me soit permis maintenant de dire un mot sur le socialisme.

Que l'on vous en demande, Monsieur, la définition,

ou que l'on s'adresse à MM. Proudhon, Pierre Leroux, Victor Considérant, on obtiendra une réponse en termes apocalyptiques. — C'est un paradis où règnent la liberté, l'égalité, la fraternité; c'est un printemps continuel; c'est la richesse et le bonheur pour tous; c'est le soc de la charrue en or massif; c'est enfin le ciel sur la terre.

Si l'on interroge leurs adversaires, ils répondront : Le socialisme! c'est la guerre civile, la guerre des barricades. Le socialisme! c'est le meurtre, le viol, l'assassinat, l'incendie, le pillage! Le socialisme, c'est enfin la négation de la propriété et de la famille.

Je chercherai à définir le socialisme d'une autre manière, en laissant de côté les effets pour remonter à la cause.

Le socialisme donc, selon moi, est le résultat d'une grande exaltation qui tend d'abord à l'extrême les ressorts du cerveau, les affaiblit ensuite, et les arrête enfin à la troisième période. Cette maladie détruit le sublime mécanisme de la vue intellectuelle, comme l'ophthalmie détruit la vue du corps; elle fausse l'intelligence du malade, lui présente le mensonge sous les apparences de la vérité, et toutes les questions sous les couleurs les plus trompeuses; c'est un mirage qui conduit à l'abîme.

Le symptôme le plus apparent de cette maladie est la divagation métaphysique. Le socialiste a un vocabulaire à lui, des phrases à lui, des mots nouveaux qu'il a créés pour se donner un vernis de savoir proond, pour éblouir les uns et n'être pas compris des autres; il s'applique principalement à repousser , comme trop vulgaire, la langue de Racine, de Boileau et de Voltaire.

Cette maladie du cerveau partit de Paris, comme le choléra-morbus part de l'Inde, pour envahir l'Europe. Le dernier prend l'homme corps à corps et le terrasse, tandis que le premier le prend au cerveau, et le laisse debout pour combattre; c'est là toute la dif—férence.

Ce n'est qu'à de certains intervalles que ces deux maladies endémiques sévissent avec fureur; et ce n'est aussi qu'à de certains intervalles qu'elles quittent les lieux où elles ont pris naissance pour aller ravager les pays lointains.

Le propre de l'exaltation socialiste est de mettre l'homme en contradiction avec lui-même. Ainsi, le cœur le plus noble, l'ouvrier le plus généreux, qui s'élancerait dans une fournaise pour sauver un enfant, une femme ou un vieillard; cet ouvrier qui, sans aucun motif d'intérêt, se précipiterait dans un fleuve glacé pour arracher à une mort certaine un artisan, un bourgeois, ou même un prince; qui exposerait cent fois sa vie dans de pareilles circonstances; incendierait une ville, tuerait, massacrerait tous ses habitants pour le triomphe de ses opinions. Chose étrange! anomalie singulière! c'est au nom des sentiments les plus nobles, en invoquant le Christ, que cette maladie cause les plus grands désastres.

C'est au nom de la paix qu'elle fait la guerre;

C'est au nom de la fraternité qu'elle tue;

C'est au nom du bien-être qu'elle donne la misère.

Maintenant que je viens d'expliquer la maladie, d'en signaler le siége, qu'il me soit permis de la désigner sous le nom de *choléra-cerebri*.

On se tromperait étrangement si l'on croyait que la classe ouvrière, qui en est atteinte en ce moment, fût seule destinée à être la proie du fléau; toutes les classes de la société, au contraire, ont été soumises à l'empire de ce délire fiévreux.

Le choléra-cerebri prend tous les costumes, tous les uniformes et porte toutes les bannières, suivant le temps et les circonstances; ce qu'il lui faut, ce sont des victimes; semblable en cela au choléra-morbus, qui frappe indistinctement dans tous les rangs.

Nous l'avons vu, à une époque, le casque en tête et la lance en main, porter au delà de la Méditerranée ses bannières sacrées, dans le but d'exterminer les adorateurs du croissant. Plus tard, il massacra au nom de Rome tout un peuple de protestants. La date de 93, écrite en caractères de sang, apprendra aux générations à venir jusqu'où peut aller son délire. La Bourse, enfin, a aussi connu ses excès; ce temple de l'agiotage ne pourrait contenir ses victimes.

En 1848, le choléra-cerebri prit le nom de socialisme, s'introduisit dans les rangs des ouvriers, et nous fit connaitre son plus violent paroxysm e.

Grands philosophes du jour, grands hommes d'Etat d'hier et d'aujourd'hui, politiques de toutes les couleurs, vous avez tous senti les accès de cette fièvre cérébrale; tous, vous avez été atteints du choléra-cerebri!

Ne vous étonnez donc pas si la classe ouvrière est à son tour dévorée du même mal. Qui sait s'il n'est pas contagieux? qui pourrait affirmer qu'elle ne le tient pas de vous?

Chaque peuple a ses maladies, suivant le climat qu'il habite. Nous ne connaissons pas l'éléphantiasis; mais nous sommes travaillés de cette fièvre chaude, beaucoup plus redoutable dans ses accès.

Les maladies du corps ont des médecins pour les guérir, et la nature a, je crois, créé pour chacun de nos maux un spécifique. Ainsi le mercure a son application; le quinquina la sienne; l'opium fait dormir, et le café chasse le sommeil.

Mais le cerveau serait-il donc en dehors de la loi générale? L'homme qui perd la raison par suite d'une trop grande tension des ressorts intellectuels, ne pourrait-il la retrouver? Quel est enfin le remède radical pour guérir cette maladie? *C'est le travail.*

Que l'ouvrier qui n'est pas encore à la troisième période du choléra-cerebri, le marasme, lise l'ouvrage de M. Thiers sur la propriété, et il retrouvera le bon sens : ce livre est un monument de sagesse, de raison et de logique, qui eût suffi pour placer son auteur au premier rang comme écrivain, comme penseur et dialecticien, si, depuis longtemps, il n'avait gravi, d'un pas ferme et assuré, tous les degrés qui conduisent à la célébrité.

J. POULAIN.

Paris, le 1er novembre 1848.

www.ingramcontent.com/pod-product-compliance
Ingram Content Group UK Ltd.
Pitfield, Milton Keynes, MK11 3LW, UK
UKHW021203140726
13695UKWH00005B/2315